넓고도 깊은 여러 가지 돈 이야기
화폐

화폐

01 | 돈이 생기기 전에 필요한 물건을 다른 사람과 바꾸던 방법은 무엇인가요?

❶ 물물교환　❷ 물불교환　❸ 불불교환

힌트 물건과 물건을 서로 바꾼다는 뜻이에요.

❶ 물물교환

돈이 생기기 전에는 원하는 물건을 직접 구했어요. 또한 물건을 가진 사람을 만나서 서로 가지고 있는 물건을 바꾸어 필요한 물건을 얻었어요. 하지만 물건의 가치가 달라서 돈이 필요해졌어요.

화폐

02 | 오늘날의 화폐가 생기기 전에 화폐로 사용한 금속은 무엇인가요?

❶ 금   ❷ 납   ❸ 나트륨

힌트 이 금속은 지금도 가치가 높아서 따로 사고파는 곳이 있어요.

❶ 금

오늘날의 종이 화폐가 만들어지기 전에는 금, 은, 구리, 철 같은 금속을 화폐로 사용했어요. 이런 금속을 잘라 무게를 재어 필요한 만큼 사용하기도 했어요. 금은 매일 가격이 달라지므로 금을 사고팔 때는 가격을 잘 확인해 보아야 해요.

03 | 동전에 톱니 모양을 최초로 새기게 한 사람은 누구인가요?

❶ 세종 대왕　　❷ 빌 게이츠　　❸ 아이작 뉴턴

> **힌트** 이 사람은 위대한 과학자로 유명하지만 영국에서 동전을 만드는 일을 하는 곳에서도 일한 적이 있어요.

❸ 아이작 뉴턴

사과나무 아래에서 쉬고 있던 과학자 뉴턴은 떨어지는 사과를 보고 만유인력의 법칙을 발견했어요. 떨어지는 사과를 보면 모두들 조개이야기를 떠올렸어요. 이때 우리가 살고 있는 지구가 사과보다 훨씬 더 커서 사과가 땅으로 떨어지는 거라고 생각했어요.

"내가 사과를 떨어뜨린 게 아니라고!"

화폐

04 | 우리나라에서 발견된 가장 오래된 우리나라의 금속 화폐는 무엇인가요?

❶ 당백전   ❷ 건원중보   ❸ 상평통보

힌트 고려 시대 때 만들어진 이 화폐는 뒷면에 '동국(東國)'이라는 글자를 새겨 놓았어요.

❷ 고려통보

고려 시대에 만들어진 건원중보는 앞쪽에 공 훈 훈패에 새긴 무늬가 있기도 하며 뒷면에 동국(東國)을 뜻하는 '동국중보(東國重寶)', 뒤쪽에 동국(東 國)이다 새겨져 있고 가운데에 네모난 구멍이 있어요. 동 전 위에 화폐를 만들었으며 그 지역에서 특 히 나라 곳곳 행폐로 돈잡이 활발하지 돈 만은 오히려 돈으로도 도난감으로 사용되었어요.

건원중보, 리고 통보는 이름은 갖지만 각 지역에서 만들어진 중국 돈이에요.

05 | 우리나라의 십 원화에 쓰이는 금속은 무엇인가요?

❶ 철   ❷ 아연   ❸ 구리

힌트 이 금속은 붉은색을 띠고 있어요.

❸ 다보탑

우리나라의 옛 동전과 오늘날 동전에 사용된 문화유산이 있어
요. 고구려의 도자기 사이에 음료를 마들었지만 세종대왕 때에
이 나라 미술이야. 고려의 자기장은 그리를 찾아 사용하여 기록
에 만들고 있습니다.

이 탑의 모습은
예쁘답니다 작고
가벼워졌어요.

06 | 우리나라의 백 원화에 새겨져 있는 위인은 누구인가요?

❶ 이성계　　❷ 이순신　　❸ 을지문덕

힌트 이분은 조선 시대에 벌어진 전쟁인 임진왜란 때 활약한 장군이에요.

② 이순신

우리나라의 대표 위인으로 내세워 인정받고 있으신 이순신 장군이에요. 우리나라에서 사용되어지는 동전 중에서 유일하게 사람이 새겨진 동전입니다. 자금 유통량이 높지 않던 근래에는 배럴 동물이 되었으며 지금도 사라졌다요.

다들 내가 누군지 양자기 아시죠~

07 | 신사임당, 묵포도도, 초충도수병이 그려져 있는 우리나라의 화폐는 무엇인가요?

❶ 천 원권   ❷ 만 원권   ❸ 오만 원권

힌트 우리나라에서 가장 가치가 큰 화폐이고 최초의 여성 인물이 그려진 원화예요.

③ 오만 원권

오만 원권은 만 원권이 유통된 이후 36년 만인 2009년에 처음 된 지폐입니다. 신사임당 초상화를 넣어 양성평등 정신을 회로로 사용, 오만 원권의 등장에는 이용상의 편리뿐만 아니라 여성의 공적도 기념하려 있어요.

08 | 그 나라에서 팔리는 맥도날드의 빅맥 가격을 달러로 환산한 값을 무엇이라고 하나요?

❶ 버거지수 ❷ 빅맥지수 ❸ 와퍼지수

힌트 각 국가들의 물가를 비교할 수 있는 자료예요.

❷ 빅맥지수

빅맥지수는 영국의 경제 관련 신문인 이코노미스트에서 1986
년 처음 연구하여 발표했어요. 빅맥지수가 높으면 물가가 높고
화폐 가치도 높아요. 반대로 빅맥지수가 낮으면 물가가 낮고
화폐 가치도 낮다고 판단해요. 이코노미스트가 분기마다 한 번
씩 발표하고 있어요.

햄버거로 물가를
판단하다니
신기하지요?

09 | 우리나라 지폐에 공통으로 들어간 도장의 주인공은 누구일까요?

❶ 광개토 대왕　❷ 한국은행 총재　❸ 대한민국 대통령

힌트 이 사람은 우리나라의 금융정책을 결정해요.

❷ 한국은행 종가

한국은행 본사는 우리나라의 중앙은행이자 한국은행권 대표 화폐의 발행처야. 우리나라의 상대하 본체에 관련된 다 모든 것이 인정보야. 앞에 매우 중요한 일을 해. 한국은행 종재인 유명한 건정인은 대한 매우 중요한 일을 해. 한국은행 종재인 기도 하지만으로, 돈 거래와 중앙이 원기를 더 자세히 이해하기 위해서 그 자이에 머물러 수 있어요.

돈독은행 종가

화폐 박물관

10 우리나라에서 실제로 화폐를 인쇄하고 검사하는 기관은 어디인가요?

❶ 기업은행　❷ 한국조폐공사　❸ 한국철도공사

힌트 이곳에서 실제로 화폐를 제작해서 한국은행으로 보내고 있어요.

❷ 한국조폐공사

한국조폐공사는 화폐, 은행권, 주화, 채권 등의 제조를 중요한 업무로 하는 특수한 회사예요. 1951년 부산에서 만들어졌어요. 이곳에서는 가짜 돈을 만들기 어렵도록 여러 가지 특수한 작업을 통해 화폐를 생산하고 있어요.

화폐

11 | 이탈리아에 여행을 갈 때 가져가야 하는 화폐는 무엇인가요?

같은 화폐를 쓰니까 편해요~

❶ 유로　　❷ 달러　　❸ 파운드

힌트 이탈리아는 유럽연합(EU)에 속한 나라예요.

❶ 유로

유로(Euro)는 유럽연합의 화폐이며 유럽 단일 통화의 이름으로 쓴다. 표지판, 유럽의 별들이 그려져 있다. 독일·프랑스·이탈리아·놀란드·벨기에·아일랜드·그리스·포르투갈·스페인·핀란드·룩셈부르크·오스트리아 등에서 모두 유로화를 쓴다.

▲ 유럽연합–유로

화폐

12 | 일본의 화폐 단위는 무엇인가요?

❶ 원　　❷ 엔　　❸ 은

> **힌트** 일본, 중국, 한국의 화폐 단위는 모두 한국식 한자 음으로 '원'이라고 읽을 수 있어요.

2 엔

일본의 화폐 단위는 엔이라고 읽고 ¥로 표기해요. 엔화는 돌려싸인 동전이 여섯 가지 종류가 있고 1엔, 5엔, 10엔, 50엔, 100엔, 500엔이 유통이 되고있어요. 1,000엔, 5,000엔, 10,000엔은 지폐로 이루어져 있어요.

▲ 일본-엔

화폐

13 | 국제간의 결제나 금융 거래의 기본이 되는 기축통화는 어느 나라의 화폐일까요?

❶ 한국   ❷ 일본   ❸ 미국

힌트 기축통화란 세계 어느 나라에서든 자유롭게 쓸 수 있는 화폐예요. 기축통화가 되기 위해서는 경제력과 국력이 강해서 멸망할 가능성이 낮은 국가의 화폐여야 해요.

❸ 미국

미국의 통화인 '달러'는 현재 기축통화로 사용하고 있어요. $로 표시해요. 미국은 세계에서 군사적으로 가장 강한 나라이고, 경제력도 가장 커요. 그래서 다른 국가 간의 거래에서 달러화를 사용하고 있어요.

우리가 바로 세계 공용의 화폐인 달러야.

▲ 미국−달러

화폐

14 | 기존의 현금을 대신하는 새로운 전자 결제 수단은 무엇인가요?

❶ 전자화폐　　❷ 전류화폐　　❸ 전기화폐

힌트 우리나라에서 사용되는 대표적인 것으로는 교통카드, 하이패스 등이 있어요.

❶ 전자지급제

전자지급제는 현금이나 수표 등 실물의 돈을 직접 주고받지 않고 전자적 방법으로 결제를 할 수 있는 지급 수단을 말해요. 신용카드, 직불카드, 모바일 앱 등이 전자지급제에 속해요. 온라인 쇼핑몰이나 오프라인 매장에서 전자지급제를 이용하기도 해요.

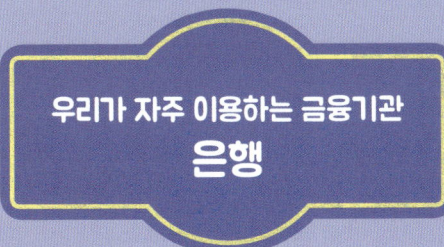

우리가 자주 이용하는 금융기관
은행

15. 영국에서 은행이 없던 시절에 귀중품을 대신 보관해 주던 사람들은 누구였을까요?

은행

❶ 광부   ❷ 대장장이   ❸ 금세공업자

힌트 이들은 직업 때문에 매우 튼튼하고 안전한 금고를 가지고 있어야 했어요.

❸ 금세공업자

17세기 영국에서는 금이 곧 돈이었어요. 은행이 없던 시절의 사람들은 튼튼한 금고를 가지고 있던 금세공업자에게 자신의 귀중품을 맡겼어요. 금세공업자는 금을 맡아 주기도 하고 빌려 주기도 하면서 점차 은행으로 발전했어요.

옛날에도 금은 최고였지!

16 | 은행에서 돈을 빌리는 것을 무엇이라고 할까요?

❶ 대출   ❷ 예금   ❸ 입금

힌트 은행에서 주로 하는 업무 중 하나로 은행이 돈을 버는 방법이에요.

① 대출

대출은 은행이 가계나 기업에 돈을 빌려주는 것을 말해요. 은행은 돈을 빌리고 싶은 사람에게 돈을 빌려 줘요. 대출은 저축과 달리 이자가 더 붙어요. 대출받은 돈을 정해진 때에 갚지 못하거나 이자를 갚지 못할 때는 큰 문제가 생길 수 있으니 주의하세요.

은행

17 | 은행에 돈을 맡긴 대가로 은행이 나에게 주는 돈을 무엇이라고 할까요?

❶ 월급　　❷ 용돈　　❸ 이자

힌트 반대로 내가 은행에서 돈을 빌리면 내가 은행에게 이것을 줘야 해요.

❸ 이자

은행에 돈을 저축하는 이유는 이자를 받기 위해서예요. 이자는 돈을 저축하는 대가로 은행에서 받기 돈이에요. 만기 기간이 길어지면 받을 수 있는 금액도 증가해요. 그러므로 은행에 저축할 때에는 내 상황에 맞게 은행이나 상품을 잘 알아보고 저축해야 해요.

18 | 한 통장에서 다른 통장으로 돈을 옮기는 것을 무엇이라고 하나요?

❶ 계좌일체   ❷ 계좌이체   ❸ 계좌삼체

힌트 요즘은 물건을 살 때 현금이나 카드와 함께 이것을 이용해서도 자주 결제해요.

은행

❷ 계좌이체

계좌이체는 한 계좌에 들어 있는 돈을 다른 계좌로 옮기는 거예요. 계좌이체는 은행에 직접 가거나 휴대폰이나 컴퓨터를 이용해서도 할 수 있어요. 계좌이체 덕분에 현금을 직접 가지고 다니지 않아도 되어 생활이 많이 편리해졌어요.

19 | 은행에서 빌린 돈을 갚는 것을 무엇이라고 하나요?

❶ 상환   ❷ 예금   ❸ 환불

힌트 빌린 돈을 갚는 방법에는 여러 번 나눠서 갚는 방법과 한꺼번에 다 갚는 방법 등이 있어요.

❶ 상환

은행에서 빌린 돈을 갚는 것을 '상환'이라고 해요. 돈을 빌릴 때 빌린 돈과 이자를 함께 갚을 것인지, 이자만 먼저 내고 빌린 돈은 나중에 갚을 것인지 정해요. 돈을 빌리면 상환 날짜에 맞춰 돈을 잘 갚아야 해요.

20. 다달이 일정한 금액을 은행에 맡기고 정해진 기간이 끝난 뒤, 약속된 이자를 받는 저금은 무엇인가요?

① 정기예금　　② 보통예금　　③ 정기적금

힌트 정해진 기간만큼 일정한 금액을 넣어서 목돈을 만들 수 있는 저축 방법이에요.

❸ 정기적금

정기적금은 적은 돈을 일정한 기간 동안 저금하여 목돈을 만들 수 있어요. 정기예금은 일정한 기간 동안 목돈을 한꺼번에 은행에 맡기고 약속한 기간이 지난 뒤 이자와 함께 찾는 예금이에요. 보통예금은 자유롭게 돈을 넣고 뺄 수 있는 예금이에요.

21 | 은행처럼 돈과 관련된 업무를 하는 기관을 무엇이라고 하나요?

은행

와~ 돈과 관련된 일을 하는 기관의 종류가 엄청 많구나.

❶ 금융기관　　❷ 연구기관　　❸ 헌법기관

힌트 은행뿐만 아니라 보험회사, 증권회사, 신용카드 회사 등이 이 기관에 속해요.

은행

❶ 금융기관

금융기관은 돈이 필요한 사람과 돈을 빌려주는 사람을 이어 주는 일을 해요. 은행, 보험상품에 가입하는 보험회사, 주식을 사고파는 증권회사, 신용카드를 발행하는 신용카드 회사 등이 금융기관이에요.

은행

22 | 어린이가 은행에서 통장을 만들 때 필요한 것은 무엇인가요?

❶ 성적표   ❷ 휴대폰   ❸ 주민등록등본

힌트 통장을 만들 때에는 자신이 누구인지 증명할 수 있는 서류가 필요해요.

❸ 소비와 저축

은행에서 저금통을 가득 채운 준모를 만났어요. 하지만 아직이는 수건만을 좋아하지 않았어요. 그래서 아직이는 저금통을 만들지 않고 용돈을 받자마자 소비만을 했어요. 결국 소비만을 좋아하고 저축을 싫어하는 아직이는 더 이상 용돈을 모을 수 없게 되니까 더 평소에 조미하고 싶어지던 온갖 것을 살 수 없어요.

나도 저금해야지.

23 | 인터넷에 연결된 스마트폰으로 은행 업무를 보는 것을 무엇이라고 하나요?

❶ 전화 통화   ❷ 모바일뱅킹   ❸ 모바일게임

힌트 인터넷에 연결된 휴대 전화로 언제 어디서나 은행 업무를 보는 것을 말해요.

❷ 모바일페이지

등록해 지점 가지 않고 가서 모양 가지 아직 양식 방법으로 등록 방법을 될 수 있습니다. 장점은 이용하여 편리하게 등록되어있다. 인터넷을 이용하여 인터넷뱅킹으로 방법 될 수 있으며, 전체 인터넷 이용자가 증가하여 등록 방법을 될 수 있어 사용자가 많이 표리되었다.

24 | 다른 나라 지역으로 돈을 보내는 은행의 업무는 무엇인가요?

❶ 송금 ❷ 저금 ❸ 예금

힌트 은행이 이 업무를 하기 때문에 다른 곳에 사는 사람에게 쉽게 돈을 보낼 수 있어요.

은행

❶ 송금

은행에서는 대출, 귀중품 보관, 송금, 화폐 교환, 신용카드 관련
업무, 공과금 수납, 예금 등의 일을 해요. 그중에서도 돈을 보
내는 업무를 송금이라고 하고, 다른 계좌로 돈을 옮기는 것을
계좌이체라고 해요.

25 | 은행과 보험회사가 협력하여 보험 상품을 판매하는 것은 무엇인가요?

지금 가입하시면 큰 도움이 될 겁니다.

❶ 방귀슈랑스 ❷ 방콕슈랑스 ❸ 방카슈랑스

힌트 프랑스어로 은행(banque)과 보험(assurance)을 합친 말이에요.

❸ 방카슈랑스

방카슈랑스는 은행과 보험회사가 협력하여 제공하는 새로운 금융 결합 형태예요. 1986년 프랑스에서 처음으로 시작되었고, 우리나라는 2003년 8월 말에 도입되었어요. 반대의 뜻으로 보험회사에서 은행의 금융 상품을 판매하는 어슈어뱅크(assurbank)가 있어요.

은행

26 | 양도성예금증서에 무엇이 없기 때문에 자유롭게 거래가 가능할까요?

와~ 신기하다. 진짜 주인의 ○○이 없네.

❶ 금액 ❷ 날짜 ❸ 주인의 이름

힌트 무엇이 없어야 제3자에게 예금증서를 넘기기 쉬울지 생각해 보세요.

❸ 조인의 이름

양도성예금증서는 증권에 장기에일에 대해 특혜한 이름 중 사이에 표. 주인의 이름이 없기 때문에 자유롭게 사고팔 수 있는요. 양 도에서는 1968년부터, 원국에서는 1979년부터 판매되었어요. 용어로 CD라고도 해요.

> 나는
> 양도성예금증서예요.

27 | 농협, 수협, 기업은행같이 은행 업무와 특수한 업무를 함께하는 은행은 무엇인가요?

❶ 마을금고　　❷ 특수은행　　❸ 대표 은행

힌트 특별한 법에 의해 만들어진 은행으로 특정 부문에 대한 자금 공급을 위해 만들어졌어요.

❷ 특수은행

특수은행이란 일반 상업은행 특수은행의 종류 농협은행, 수협은행, 기업은행이 있어요. 특수은행은 기업의 일반 상업은행 특수은행의 종류 농협은행, 수협은행, 기업은행이 있어요. 특수은행은 기업의 자금을 지원하고 예금과 같은 금융활동을 할 때에 특별한 조건이 가능해요. 특수은행은 기업의 일반적인 업무는 더 전문적이에요. 예를 들어 농협은행은 농민들에게, 수협은행은 어민들에게 더 혜택을 줘요.

농협 | 수협 | 기업은행

미래의 부자가 되기 위한 방법
투자

투자

28 | 더 큰 이익을 위해 돈이나 시간을 들이는 일을 뜻하는 말은 무엇인가요?

❶ 투표 ❷ 투자 ❸ 전투

힌트 지금 당장 놀고 싶지만 참고 공부하는 것도 내 시간을 이것에 쓴다고 할 수 있어요.

❷ 투자

돈을 미리 마련하기 위해서는 곧 사용할 돈이나 비상시 쓸 돈을 따로 둬야 하고, 그러면서 남은 돈은 잘 관리해 목돈을 만들어야 한다. 목돈을 만드는 방법으로 저축, 펀드, 가상화폐, 예술 작품 등이 있어요. 그러나 한 곳에만 돈이 많이 있으면 자칫 큰 손해를 입을 수 있어서 기간이나 종류 등을 나누는 방법이 필요해요.

29 | 세계 최초로 증권거래소가 생긴 곳은 어디인가요?

❶ 뉴욕　❷ 코펜하겐　❸ 암스테르담

힌트 이곳은 네덜란드의 수도예요.

❸ 암스테르담

유럽-아시아 간의 무역에서 네덜란드에 있는 동인도 회사가
큰 성공을 거두었어요. 그러자 이 회사의 주식을 거래하고 싶
은 사람들이 생기기 시작했어요. 그래서 암스테르담에 최초의
증권거래소가 탄생했어요.

> 주식을 사고판 지
> 벌써 400년이
> 넘었어요.

투자

30 | 주식을 가진 사람을 뜻하는 말은 무엇인가요?

❶ 쥬쥬   ❷ 주스   ❸ 주주

힌트 이들은 실질적인 기업의 소유자로 기업의 경영에 직·간접적으로 참여할 수 있어요.

③ 주주

주주는 실질적인 기업의 소유자로 회사의 중요한 일을 결정하는 주주총회에 참석할 수 있어요. 주주는 주주총회에 참석해서 질문을 하고, 공동의 의사 결정에 참가할 수 있는 권리인 의결권을 가지고 있어요.

31 | 주식을 산다는 뜻의 말은 무엇인가요?

❶ 매수　　❷ 매도　　❸ 매일

힌트 이 말은 '물건을 사들인다'는 뜻을 가지고 있어요.

❶ 매수

주식에서 가장 기본적인 용어인 매수는 주식을 사는 것을, 매도는 주식을 파는 것을 뜻해요. 원하는 주식의 숫자와 가격을 정하여 주문을 한 뒤, 매수 주문이 수락되면 해당 주식을 가질 수 있어요.

투자

32. 주식시장에서 개별 종목의 가격이 하루 동안 오를 수 있는 최고 가격을 부르는 말은 무엇인가요?

❶ 상한가　　❷ 중한가　　❸ 하한가

힌트 주식의 지나친 가격 상승을 막기 위해 만든 제도예요.

❶ 상한가

2015년 이후로 우리나라는 하루 동안 주식이 최고로 오를 수 있는 가격과 최저로 내릴 수 있는 가격의 제한 폭을 30%로 정해 놓았어요. 주식이 전날 마지막의 거래 금액보다 30% 상승하면 상한가, 30% 하락하면 하한가라고 불러요.

> 내가 가진 주식이 상한가라면 정말 좋겠죠?

투자

33 | 증권거래소에서 형성된 주식의 가격을 무엇이라고 하나요?

이 금액에 거래합시다.

매도자 – 파는 사람

매수자 – 사는 사람

❶ 월가　　❷ 주가　　❸ 일가

힌트 주식의 가격은 실제로 거래가 이루어진 금액을 말해요.

❷ 주가

주식시장에서 가격은 여러 가지가 있어요. 주가는 현재 거래된 주식의 가격이에요. 매수가는 매수자인 사는 사람이 사려고 정한 가격이에요. 매도가는 매도자인 파는 사람이 팔려고 정한 가격이지요.

투자

34 | 기업이 얻은 이익을 주주들에게 나눠 주는 돈을 무엇이라고 하나요?

❶ 계약금   ❷ 공과금   ❸ 배당금

힌트 기업의 주식을 가진 소유자들에게 나눠 주는 돈이에요.

❸ 배움돈

배움돈은 배우는 데 쓰이는 돈이에요. 가정에서 이뤄지는 활동을 통해 그 아이가 자라나는 데에서 쓰는 것이 아니라, 주로 배움에 도움되는 곳에서 쓰는 돈이에요. 이 돈을 배움돈으로 이름을 붙였어요. 주로 교재비, 학원비, 학습지 등이 배움돈에 들어가지요.

아이쿠! 잠도리 배움돈을 많이 쓰셨네요?

이것교육 5.4%

도서구입 2.3%

학원교육비 3.7%

35 | 자산을 불려 간다는 뜻으로 '재무 테크놀러지'의 줄임말은 무엇인가요?

❶ 재산   ❷ 재생산   ❸ 재테크

힌트 '재무'는 돈이나 재산에 관한 일을 말해요.

투자

❸ 재테크

재테크는 한자 '재무(財務)'와 영어 '테크놀로지(technology)'의 합성어인 '재무 테크놀로지'를 줄인 말이에요. 재테크는 원래 기업이 자금을 만들거나 운용하여 이득을 만드는 것을 뜻하는 말이에요.

> 오늘날
> 재테크를 하는 가정이
> 늘어났어요.

36 | 회사가 투자자들의 돈을 모아 투자자들 대신 운용하는 금융 상품은 무엇인가요?

❶ 펀드　　❷ 키보드　　❸ 핀란드

힌트 투자를 다른 사람에게 맡기는 간접 투자의 대표적인 방법이에요.

❶ 펀드

특정한 목적을 위해 모은 돈을 회사가 대신 운용하는 상품을 펀드라고 해요. 자신이 직접 투자하는 것에 자신이 없을 때 할 수 있는 간접 투자 상품이에요. 은행이나 증권사에서 상품 설명을 듣고 가입할 수 있어요.

투자

37. 정부나 기업 등이 돈을 빌리고 일정 기간이 지나서 갚겠다는 약속을 증권화한 것은 무엇인가요?

① 채소　　② 태권　　③ 채권

힌트 이것을 가지고 있으면 일정 시간이 지난 후 발행한 곳이 돈을 줘요.

❸ 채권

정부, 공공기관 등이 자금을 빌릴 때 돈을 빌린 것이 확실함을 증거로 발행하는 증서예요. 채권에 기간이 지나서 돌려주겠다는 약속인 상환일과 빌릴 돈을 쓰는 대가인 이자를 주겠다는 내용이 함께 있어요. 채권을 살 때에 약속한 이자를 주겠다는 내용이 함께 있어요. 채권을 살 때에 약속한 이자를 받을 뿐만 아니라 다른 사람에게 돈을 받고 팔 수도 있어요.

투자

38
노후를 대비하여 국민들이 일정 기간 국가에 낸 돈을 나중에 돌려받는 제도를 무엇이라고 하나요?

젊었을 때 열심히 일해서 모으면, 나이 들어서 편하게 지낼 수가 있지요.

❶ 국민건강   ❷ 국민의례   ❸ 국민연금

힌트 우리나라의 모든 국민은 이 제도에 가입해야 해요.

❸ 국민연금

국민연금은 사회 보장 제도 중의 하나로, 일정 연령 이상 된 국민이 일을 하지 않거나 사고로 다쳤을 때에 돈을 받도록 해 주는 것을 말해요. 돈을 벌지 못하더라도 일정 수준의 소득을 보장받는 제도예요. 국민연금은 국민이 돈을 받을 수 있도록 나라에서 만든 제도예요. 사람들로부터 일정한 돈을 거두어, 생활을 보장해 주는 것이지요.

39 | 세계 금융시장의 중심지인 미국의 금융 밀집 지역은 어디인가요?

❶ 월 스트리트   ❷ 허드슨 야즈   ❸ 타임스스퀘어

힌트 이곳에 원래 벽이 있었기 때문에 이러한 이름이 지어졌어요.

❶ 월 스트리트

월 스트리트는 월가라고도 하고, 미국 뉴욕의 맨해튼 섬 남쪽 끝에 있는 금융가를 말해요. 이곳에는 각 나라의 금융 회사 본점들이 많이 모여 있는 지역으로, 수많은 금융 회사 본점들이 모여 있는 거리예요. 이 곳에 전 세계 금융 시장을 움직이는 이른바 '큰손'이 있어요. 유명한 미국의 주식 거래소인 뉴욕 증권거래소가 월 스트리트에 있어서 전 세계 금융을 좌우하고 있어요.

투자

40 | 재해나 각종 사고가 일어날 경우의 경제적 손해에 대비해서 미리 돈을 모아 두는 제도는 무엇인가요?

❶ 보증 ❷ 보물 ❸ 보험

힌트 우리나라에서는 국민 복지를 위해 국가가 이것을 관리하기도 해요.

❸ 보장

우리가 평생 살면서 여러 가지 재해나 사고, 질병에 대비하기 위해 만들어진 제도가 보장이에요. 보장의 종류는 주로 건강보장, 고용보장, 산재보장 등이 있어요. 그리고 국가가 관리하는 보장과 민간이 관리하는 보장이 있어요. 국민건강보장, 고용보장, 산재보장 등이 있어요.

말풍선: 보장은 종류가 아주 다양하답니다.

41 | 특별한 제도를 통해 산 내가 일하는 회사의 주식을 무엇이라고 하나요?

투자

❶ 우리사자　❷ 우리사주　❸ 우리사수

힌트 우리 회사의 주식을 가진 직원은 더 열심히 일하게 될 거예요.

❷ 우리사주

우리사주 제도를 통해 종업원이 일하는 회사의 주식을 가지는 것을 우리사주라고 해요. 자신이 일하는 회사의 주식을 가지고 회사의 경영에 참여하고 배당금을 받게 해서 더 열심히 일하게 할 수 있도록 만든 제도예요.

사고 싶은 사람과 팔고 싶은 사람이 만나는 곳
시장

42. 상품과 서비스가 거래되는 곳을 무엇이라고 하나요?

우리가 만나서 상품을 사고파는 곳을 무엇이라고 할까요?

❶ 사장   ❷ 주장   ❸ 시장

> **힌트** 부모님께서 우리에게 맛있는 음식을 해 주기 위해서 재료를 사러 가시는 곳이 어딘지 생각해 봐요.

❸ 시장

시장은 상품으로 다루는 재화나 서비스를 사고파는 모든 곳을 이르는 말이에요. 우리가 직접 가서 물건을 사고팔 수 있는 시장도 있지만, 주식시장이나 고용시장처럼 눈에 보이지 않는 것을 거래하는 곳도 시장이라고 불러요.

> 무언가를 사고 팔면 모두 시장이에요.

시장

43 | 우리나라에서 가장 오래된 시장은 어디인가요?

❶ 동대문시장   ❷ 서대문시장   ❸ 남대문시장

힌트 이곳은 숭례문 근처에 세워진 시장이에요.

❸ 남대문시장

남대문시장은 조선의 세 번째 임금이었던 태종이 1414년에 서울의 사대문 중 하나인 남대문 근처에 상점가를 만들어 상인들에게 빌려주면서 시작되었어요. 현재 남대문 시장은 동대문 시장과 함께 서울의 2대 시장 중 하나예요. 숭례문을 시작으로 사방에 크고 작은 상점이 줄지어 서 있어요.

44. 다음 중 희소성이 가장 큰 것은 무엇인가요?

❶ 흙   ❷ 금   ❸ 물

힌트 희소성이 있다는 것은 양이 많지 않다는 뜻이기도 해요.

❷ 금

희소성이란 갖고 싶은 사람의 마음은 매우 크지만, 충족시킬 수 없을 정도로 질이나 양이 부족한 상태를 이야기해요. 흙과 물은 지구에서 흔하지만 금은 흔하지 않기 때문에 과거부터 화폐로 쓰기도 했어요.

지금도 금은 비싼 금속입니다.

45. 가격이 오를 것 같은 상품을 한꺼번에 샀다가 팔기를 꺼려 쌓아 두는 것을 무엇이라고 하나요?

❶ 매점매점　　❷ 매석매점　　❸ 매점매석

힌트 오늘날에는 처벌을 받을 수 있는 행동이에요.

❸ 매점매석

매점매석(買 살 매 占 점령할 점 賣 팔 매 惜 아낄 석)에서 매점은 물건을 사서 두는 것을 말하고, 매석은 팔지 않고 보관하는 것을 말해요. 과거에는 장사를 해서 이익을 많이 남기는 방법이었지만, 오늘날에는 처벌을 받을 수 있어요.

46 | 상인이 물건을 산 뒤 팔아서 버는 금액을 무엇이라고 하나요?

❶ 마진　　❷ 마당　　❸ 마루

힌트 많이 판다고 해서 무조건 이것이 많이 남는 것은 아니에요.

❶ 마진

물건을 사들였을 때의 값을 원가라고 해요. 판매가에서 원가를 빼고 남은 금액을 마진이라고 해요. 장사를 하거나 사업을 할 때 마진이 얼마만큼 남는지가 중요해요. 임금이나 재료비가 상승하면 마진율은 적어져요.

시장

47 | 상품 등이 생산자로부터 소비자에게까지 전달되는 과정을 무엇이라고 하나요?

❶ 유통   ❷ 진통   ❸ 우유 통

힌트 '흐르고 통한다'라는 뜻도 가진 낱말이에요.

❶ 유통

생산자가 물건을 생산하고 소비자에게 이르기 까지 거치는 모든 과정을 유통이라고 해. 유통은 크게 상품이 이동이 되어 사람들의 손에 닿기까지 필요한 운송, 유통시설로 상품을 저장해 두는 저장시설 등이 있지.

말풍선: 유통이 있어야 하니까 상하는 상품도 금방 그대로 받을 수 있어요.

48 | 세계 최초의 백화점은 무엇인가요?

❶ 롯데 ❷ 봉마르셰 ❸ 미쓰코시

힌트 1852년 프랑스 파리에 세계 최초의 백화점이 세워졌어요.

❷ 움直리세

1852년 프랑스 파리에 생긴 봉마르셰가 세계 최초의 백화점이에요. 미국에는 1858년 메이시, 영국에는 1863년에 휘틀리가 생겼어요. 수많은 종류의 제품이 사용에 생기 미치기 때문에 인이에요.

49. 경제학자인 애덤 스미스가 상품의 생산량과 가격을 정해 준다고 한 것은 무엇인가요?

❶ 보이지 않는 발
❷ 보이지 않는 눈
❸ 보이지 않는 손

힌트 신체 부위 중에서 무언가를 만지거나 잡을 때 주로 쓰는 곳이 들어가요.

❸ 보이지 않는 손

애덤 스미스는 1723년에 영국의 스코틀랜드에서 태어났어요. 영국의 경제학자이자, 철학자인 애덤 스미스는 시장이 알아서 자원을 효율적으로 나눌 것이라고 주장했어요. 이 기능을 '보이지 않는 손'이라고 해요.

내가 바로 애덤 스미스랍니다.

50 | 물가가 하락하고 경제가 침체되는 현상을 무엇이라고 하나요?

❶ 디플레이션　❷ 인플레이션　❸ 스태그플레이션

힌트 인플레이션은 물가가 크게 오르는 현상이에요.

❶ 디플레이션

디플레이션은 인플레이션과 반대로 관계되는 전체에 걸쳐 물가가 오랜 기간 동안 떨어지는 현상을 말해요. 디플레이션으로 오고 가는 돈의 양이 줄어들면서 부동산이나 주식의 가격도 떨어져요.

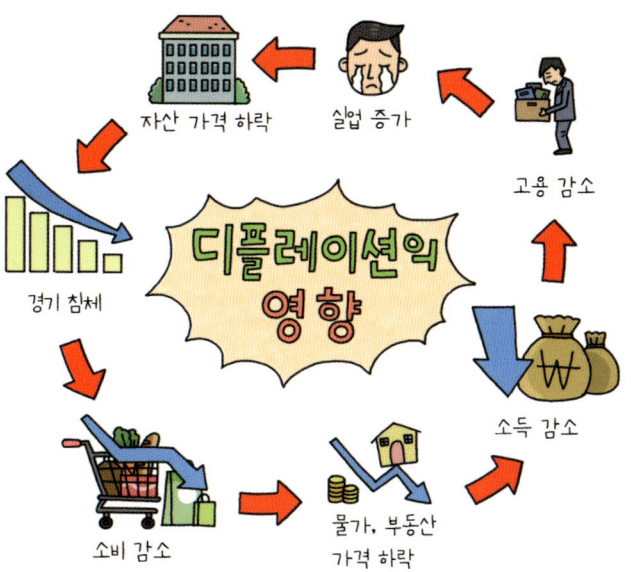

국가와 국가도 물건을 사고팔아요
무역

51 | 각 나라들이 서로 필요한 물건을 사고파는 것을 무엇이라고 하나요?

❶ 무역　　❷ 미역　　❸ 시장

힌트 오늘날 대부분의 나라는 이것을 통해 외국의 물건을 구해요.

❶ 무역

나라마다 자연환경, 자원, 기술이 달라서 생산하기 유리한 물건들이 다르다. 나라와 나라 사이에 필요한 것을 사고팔며 이루어지는 활동을 무역이라고 해요. 수출은 다른 나라에 물건을 파는 것이고, 수입은 다른 나라의 물건을 사 오는 거예요. 동굴에 담아 사람들이 이동할 수 있고 물건들도 팔 수 있어 있어요.

> 잘 보세요!
> 컨테이너 수에서 수출입 물건들이 오고 가네요.

52 | 고려 시대 예성강 하구에 있었던 무역의 중심지는 어디인가요?

❶ 여의도   ❷ 제주도   ❸ 벽란도

힌트 예성강은 현재 북한에 있는 강이에요.

❸ 벽란도

고려는 근방에 있는 중국과 일본뿐만 아니라 멀리 아라비아의 국가들과도 물건을 사고팔았어요. 각 나라에서 수도인 개성으로 오기 전에 들르기 좋은 곳이 벽란도였지요. 그래서 벽란도에서 무역이 이루어졌어요.

인삼은 이때부터 중요한 무역 상품이었어요.

무역

53 | 과거 중국 사람들이 비단을 싣고 무역을 떠난 길을 무엇이라고 하나요?

서양 사람들이 좋아하는 비단을 가져가서 팔고, 좋은 물건을 사 올 거예요.

❶ 밀크로드　❷ 실크로드　❸ 실크 벽지

>힌트 비단을 영어로 실크(silk)라고 해요.

무역

❷ 실크로드

기원전 2세기 중국 한나라의 황제였던 무제는 장건을 시켜서 동양과 서양을 이어 주는 실크로드를 개척하게 했어요. 이 길을 통해 전해졌던 물건으로는 유리, 향신료, 도자기 등 많은 것들이 있었어요. 하지만 대표적인 상품이 비단이었기 때문에 실크로드라고 불러요.

옛날부터 동서양은 서로 교류하고 있었어요.

무역

54 | 지배를 받는 나라가 지배하는 나라에게 때에 맞춰 예물을 바치던 일을 무엇이라고 하나요?

내가 더 이득이지롱~

❶ 조공   ❷ 조사   ❸ 조기

힌트 우리나라는 과거에 중국에 이것을 바쳤어요.

1 조선

청동기 문화를 바탕으로 그 후에 이루어지던 집단 통합에 의하여 우리나라 최초의 국가인 조선이 나타났다. 조선은 만주와 한반도 북부 지역 일대에서 독자적인 문화를 이루며 성장하였다. 조선은 주변 나라가 성장하며 도전을 받게 되고, 중국 한의 침략으로 수도가 함락되어 이 나라는 멸망하기에 이르렀다.

하라는 조선을 멸망시키러 간다.

무역

55 | 물건을 수입하거나 수출하는 합법적인 절차를 무엇이라고 하나요?

다른 나라의 물건을 얻기 위해선 여러 가지 순서를 거쳐야 해요.

❶ 통과 ❷ 통관 ❸ 통일

힌트 이 절차가 정리된 법을 관세법이라고 해요.

② 통관

어떤 물건을 수출하거나 수입하기 위해서는 관세법에 따라서 물건의 이름, 수량, 가격 등의 정보를 세관에 신고해야 해요. 그 물건이 우리나라에 나쁜 영향을 줄 수 있으면 통관이 제한될 수도 있어요.

무역

56 | 세계무역의 질서를 세우는 국제기구는 어디인가요?

저는 각 나라의 갈등을 해결하는 일도 하지요.

세계무역기구

❶ KOR ❷ WTO ❸ UFO

힌트 우리나라 말로는 '세계무역기구'라고 해요.

무역

❷ WTO

1995년 1월 1일에 설립된 세계무역기구(WTO)는 스위스 제네바에 있어요. 2018년 기준으로 전 세계 164개의 국가가 가입되어 있어요. 주로 국가 간의 경제와 관련된 문제에 다툼이 벌어졌을 때 판결을 내려 줘요.

▲ 스위스 제네바에 있는 WTO 건물

무역

57 | 국가 간에 무역으로 서로 동등한 혜택을 볼 수 있도록 하는 무역은 무엇인가요?

> 제값에 커피를 팔 수 있는 무역이랍니다.

❶ 공정무역　　❷ 공기무역　　❸ 공장무역

힌트 이 무역에 의한 상품을 사는 것을 착한 소비라고도 해요.

❶ 공정무역

선진국과 개발도상국의 무역에서 선진국은 이득을 보고 개발도상국은 충분한 대가를 받지 못하는 경우가 많았어요. 개발도상국이 가난에서 벗어날 수 있도록 하는 무역 형태를 공정무역이라고 해요.

> 카카오도 대표적인 공정무역 상품이에요.

58 | 우리나라에 수입하거나 우리나라에서 사용하는 외국 물건에 내는 세금은 무엇인가요?

무역

❶ 관세 　 ❷ 소득세 　 ❸ 상속세

힌트 이것과 관련된 업무를 담당하는 기관은 관세청이에요.

❶ 관세

관세는 정부가 세금을 걷어서 재정을 확보하고 우리나라 산업을 보호하기 위해 걷는 세금이에요. 주로 외국에서 자신의 나라로 가져오는 물건에 대해 세금을 내게 해요. 관세를 부과하면 외국과의 무역의 형태나 교역량에 영향을 미쳐요.

무역

59 | 물건을 수출입할 때 신고하고 세금을 내는 기관은 어디인가요?

❶ 세관　　❷ 상관　　❸ 장관

힌트 해외 여행에서 비싼 물건을 사 오면 이곳에 신고해야 해요.

❶ 세관

세관은 관세청의 하부 조직으로 외국에서 우리나라로 들어오는 물건을 확인하는 곳이에요. 그래서 세금을 내야 하는 물건은 세금을 부과하고, 가져오지 말아야 할 물건은 강제로 거두어 가기도 합니다.

무역

60 | 국가 간의 자유무역을 제한하기 위한 조치를 무엇이라고 하나요?

벽이 너무 높은 거 아닌가요?

❶ 무역방벽 ❷ 무역장벽 ❸ 무역보호막

힌트 국가 간에 무역을 할 때 넘어야 하는 담이라는 뜻의 낱말이에요.

❷ 물어보아요

 항구로부터 우리나라의 수출품과 다른 나라 좋은 물품이 수입되어 우리나라에 와요. 그 물품들 생각을 나누어보자. 생각지도 는 그 모습들을 볼 수 있었죠? 그래서 지나 나라의 수출품 주로 는 무엇인지 생각해봐요. 시동해요.

> 항구장에서 볶아지며
> 국가 그 볶이 어떻게 되는
> 단공공 있어요.

무역

61 | 국가 간에 상품이 자유롭게 이동하기 위해 맺는 협정은 무엇인가요?

❶ 자유협정　　❷ 자유대화협정　　❸ 자유무역협정

힌트 우리나라는 칠레, 싱가포르, 인도, 미국 등과 이 협정을 맺었어요.

❸ 자유무역협정

자유무역협정(FTA)은 영어로 'Free Trade Agreement'라고 해요. 국가 간의 여러 가지 상품들이 자유롭게 오고 갈 수 있도록 관세를 없애거나 상대 국가에게 특별하게 혜택을 주는 협정을 말해요.

한국과 미국은 2012년부터 자유무역협정을 맺고 있어요.

62 | 국가가 수·출입을 해서 받거나 낸 돈의 양을 부르는 말은 무엇인가요?

❶ 관광수지   ❷ 무역수지   ❸ 합성수지

힌트 국가의 경제 상태를 알려 주는 매우 중요한 정보예요.

❷ 무역수지

일정 기간 동안에 한 나라의 총수입과 총수출 간의 차이를 무역수지라고 해요. 수출이 많고 수입이 적다면 무역수지가 흑자가 되고, 수출이 적고 수입이 많다면 무역수지는 적자가 돼요.

수출을 많이 하기 위해 노력해야 해요.

국가도 돈이 필요하답니다
세금

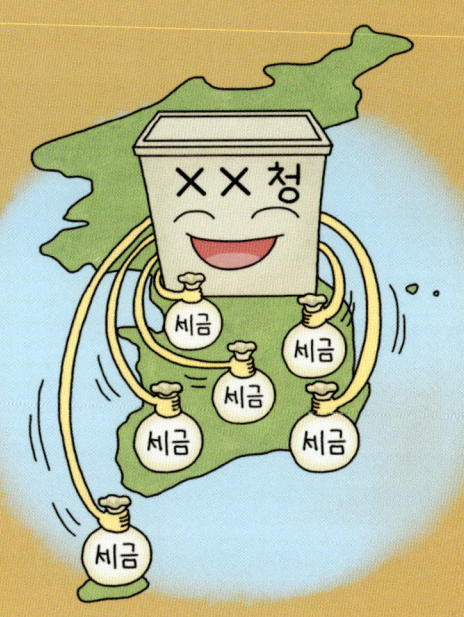

세금

63 | 과거에 국가에 내야 하는 모든 세금을 이르는 말은 무엇인가요?

❶ 칠실 ❷ 팔실 ❸ 구실

힌트 자기가 마땅히 해야 할 맡은 바 책임이라는 뜻으로도 이 말을 써요.

③ 구실

과거 우리조상들이 세금을 '구실'이나 '짐', '꾸러미'라고 했어요. 그 까닭은 세금으로 내는 쌀을 꾸러미 모양으로 만들어 구실이나 짐을 싣는 수레에 운반하거나 수레를 끄는 소의 등짐으로도 옮겼기 때문이에요. 또한, 두 짐이 지게의 특징을 살려 세금으로 바쳐야 했어요.

"오늘날에는 조세를 직접 세금으로 납부해요."

64 | 법을 위반하여 내야 할 세금을 내지 않는 것을 무엇이라고 하나요?

❶ 탈주   ❷ 탈출   ❸ 탈세

힌트 이 행동은 세금으로 얻는 수익을 줄어들게 하기 때문에 엄격하게 처벌을 받아요.

❸ 탈세

법을 위반하여 내야 할 세금을 내지 않는 행동을 탈세라고 해요. 국가를 운영하기 위해서는 세금이 필요해요. 그런데 탈세를 하면 세금을 걷기 어렵기 때문에 국가에서는 여러 가지 방법으로 탈세를 막기 위해 노력하고 있어요.

탈세는 큰 처벌을 받을 수 있는 나쁜 행동이에요.

흐흐

세금

절세

탈세

세금

65 | 우리나라에서 세금을 정하고 걷는 기관은 어디인가요?

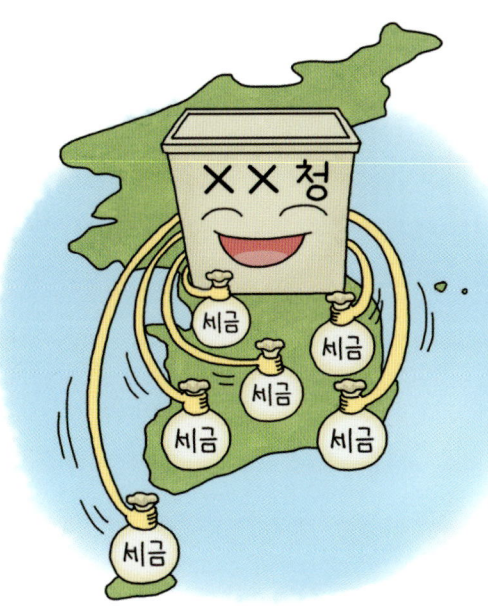

❶ 경찰청   ❷ 검찰청   ❸ 국세청

힌트 이곳은 국내에 있는 사람이나 물건에 세금을 매기고 부담하게 하여 걷는 일을 해요.

3 조세행정

우리나라의 조세행정 중에서 세금납부자가 많이 있어요. 조세행정에서 금년 들어 세금으로 우리나라 재정의 90%를 충당했죠. 이처럼 조세행정은 대한민국 정부 운영에 매우 중요한 곳이에요. 조세행정 등 내국세, 관세행정 업무, 지방자치단체에서 지방세의 장수와 관련된 업무를 해요.

세금

66 상품을 살 때 상품에 대한 세금을 내지 않는 상점은 무엇인가요?

❶ 편의점　　❷ 면세점　　❸ 가구점

힌트 이 상점은 주로 공항에서 볼 수 있어요.

❷ 면세점

면세점은 상품의 세금을 면제해 주어 싼값으로 살 수 있는 곳이에요. 주로 외국을 오가는 여객선이나 공항, 항만 등 출국 장소에 있는 곳이 많아요. 대부분 공항 대합실에 있지만 다른 곳에도 면세점을 운영하기도 해요.

말풍선: 해외 관광을 갈 때 빼놓을 수 없는 곳이죠.

세금

67 | 이자소득에 대해 세금을 전혀 내지 않는 저축은 무엇인가요?

> 이자소득세를 내지 않는 상품이 있나요?

> 네~ ○○○ 상품을 소개해 드릴게요.

○○은행

❶ 과세저축   ❷ 물과세저축   ❸ 비과세저축

힌트 저축해서 생긴 이자에 대한 세금을 내야 하는 저축과 세금을 전혀 내지 않는 저축이 있어요.

③ 미지급세금

알다 앞으로 갚아야 할 세금을 미지급세금이라고 합니다. 이자와 같은 대한 앞으로 낼 재산세 · 종합소득세 등은 남아있는 세금이며, 미지급세금, 근로소득자가 정산하여 추가 납부할 세금 등도 미지급세금이 대해 세금을 내지 않고 곧 다가 세금을 내야 하는 앞의 돈을 미지급세금이라고 합니다.

이에요.

세금

68 | 땅이나 건물 등을 팔아 이득을 얻을 때 내야 하는 세금은 무엇인가요?

> 팔려고 하니 세금이 아깝고, 안 팔면 돈이 없고······.

❶ 양도소득세   ❷ 수도소득세   ❸ 속도소득세

힌트 재산이나 물건을 남에게 넘겨주는 것을 뜻하는 낱말이 들어가요.

❶ 양도소득세

양도세에 대가 집을 팔아 양도한 경우에 불리기도 하는 이익이 있으면 돈을 번 것이기 때문에 세금을 납부해야 한다. 양도소득세는 이렇게 양도가 이루어질 때에 발생한 재산상의 이득을 얻는 자에게 부과하는 세금을 말한다. 따라서 부동산 재산을 팔아서 얻은 이득이 없다면 양도소득세는 내지 않아도 된다.

세금

69 | 대가 없이 재산을 받았을 때 내야 하는 세금은 무엇인가요?

❶ 소득세   ❷ 증여세   ❸ 부가가치세

힌트 '주다'라는 뜻의 한자는 '줄 증(贈)' 자예요.

❷ 증여세

증여하는 다른 사람에게 대가 없이 재산을 주는 것을 가리켜 "증여"라고 해요. 증여세는 이렇게 다른 사람에게 증여를 통해 받은 재산에 대하여 내는 세금을 말해요. 이 재산은 경제적으로 가치가 있는 모든 것이어야 하지요. 증여받은 사람부터 순수하게 증여되어 따라 대가 없이 얻은 것에 대해 내는 세금이 이 증여세죠.

70 | 땅이나 건물, 자동차 등을 사거나 받았을 때 내야 하는 세금은 무엇인가요?

❶ 소득세　　❷ 취득세　　❸ 증여세

힌트 돈을 내고 사든, 공짜로 받든 일정 금액 이상의 재산이 내 것이 되면 내야 하는 세금이에요.

세금
TAX

❷ 취득세

취득세는 일정한 재산을 얻을 때 내야 하는 세금을 말해요. 예를 들어서 내가 1억 원짜리 자동차를 샀다면 그것의 3%에 해당하는 300만 원이 취득세를 내야 해. 차량 등 재산에 따라 붙는 세금 비율이 달라요. 차, 오토바이 50만 원 이상의 재산인 경우에는 취득세를 내지 않아요.

무엇을 사거나 집이
생겼을 때 얼마나 내야
하는지 확인해야 공돈을
쓰지 않아요.

세금

71 | 무언가를 팔 때 얻는 부가가치에 붙는 세금은 무엇인가요?

❶ 부가같이세   ❷ 부자가치세   ❸ 부가가치세

힌트 이 세금을 영어로 VAT라고도 표현해요.

❸ 부가가치세

부가가치세는 상품이나 서비스를 거래할 때마다 거래 단계별로 매기는 세금이에요. 영어로 VAT(value added tax)라고 해요. 우리나라에서는 세금을 공정하게 걷기 위해 1977년부터 실시한 소비세입니다.

72. 월급을 받는 사람들이 낸 세금을 나중에 계산해서 돌려주거나 더 걷는 것은 무엇인가요?

❶ 연초정산　　❷ 연중정산　　❸ 연말정산

힌트 이 계산은 국세청에서 하고 있어요.

❸ 연말정산

일을 하는 곳에서 월급을 줄 때 관련 세금을 미리 떼고 줘요. 이 세금을 다음 연도 초에 계산해서 많이 낸 사람에게는 돌려주고, 덜 낸 사람에게는 더 걷는 것을 연말정산이라고 해요. 연말정산을 할 때에는 자신이 받을 수 있는 혜택을 잘 알아보고 신고해야 해요.

> 낸 세금을 돌려받으면 기분이 좋지만, 더 많은 세금을 내야 하면 슬프겠죠?

73 | 세금을 내야 하는 사람 대신 세금 관련 업무를 해 주는 사람은 누구인가요?

세금 업무라면 제가 깔끔하게 처리해 드립니다.

❶ 세무사   ❷ 건축사   ❸ 요리사

힌트 세금을 매기고 거두는 일들을 무엇이라고 하는지 생각해 보아요.

❶ 세무사

세무사는 세금을 내야 하는 사람, 즉 납세자를 대신하여 세금을 신고해요. 또한 관련 서류를 확인하고 작성하는 세무와 관련된 일체의 업무를 해 주는 사람을 말해요. 세무사는 시험에 합격해서 자격을 얻으면 세무사 사무실을 차릴 수 있어요.

복잡한 세무, 회계, 경리를 쉽고
빠르게 우리의 세무사가 해결!